Impressum:
Autorin:

© 2021, Helma Gerjets
Oldenburger Straße 11
26 835 Hesel
herbert.gerjets@ewetel.net

Bildrechte:

Alle Bildrechte dieses Buches liegen
beim G & H Reepsholter Verlag

Satz und   G & H Reepsholter Verlag
Gestaltung: Henning H. Hinrichs
                Langstraßer Weg 8
                26 446 Reepsholt
                gundhreepsholterverlag@web.de

Herstellung und Verlag:
                BoD – Books on Demand, Norderstedt

ISBN: 978 375 433 21 53

...för all de lüttje Leckerschnuten...

Helma Gerjets

Dat steiht in dit Book:

7

Wat ik mi bi dit Book dacht hebb:

Wenn man as Kind na Huus keem un dat rook so lecker na sülvstbackt Koken, föhl man sik gliek warm üm't Hart. Jeden Kind wööt dat. Jeden Mama ok. Wenn de Kinner denn noch sülvst in de Deeg mit rüm greemt hebbt, is dat noch mojer. Jeder Mama wööt ok, dat se ehr lecker Wark vör ehr Nawass verdegen mööt. To Wiehnachten maakt dat am mesten Spaaß, all de lüttje Leckersnuten to versörgen.

Mien Leven lang hebb ik immer wat Neeis utprobeert un mien Familie daarmit överrascht. Nu hebb ik all mien Rezepten in en lütt Book tosamen stellt, dat all annern de ok probeern köönt.

Ik wünsch veel Erfolg daarbi un ji drööft mi ruhig vertellen, wo jo all de Koken schmucken hebbt.

Helma Gerjets

Übersetzung: Was ich mir bei diesem Buch gedacht habe:

Wenn man als Kind nach Hause kam und und es roch lecker nach selbstgebackenem Kuchen, fühlte man sich gleich wohl. Jedes Kind weiß das. Jede Mama auch. Wenn die Kinder dann noch selbst mitgeholfen haben, schmecken sie gleich noch besser. Jede Mama weiß auch, daß sie ihr leckeres Gebäck vor ihrem Nachwuchs verstecken muss. Zu Weihnachten macht es am meisten Spaß die kleinen Leckermäulchen zu versorgen.

Mein Leben lang hab ich immer neue Rezepte ausprobiert und meine Familie damit überrascht. Jetzt hab ich alle Rezepte in einem kleinen Buch zusammen gestellt, so das alle anderen sie auch probieren können.

Ich wünsche viel Erfolg dabei und ihr dürft mir ruhig erzählen, wie euch all dieses Backwerk geschmeckt hat.

Helma Gerjets

Blätterteigkekse

375g Mehl	wat Eigeel
375g Margarin	wat Dösenmelk
1 B. Suur Rohm	Hagelzucker
1 Vanillezucker	

Deegtodaten mischen, 24 Stünnen in Köhlschapp ruhen laten, utrullen un utsteken. Mit de Eigeel – Dösenmelkmischung bestrieken un mit Hagelzucker bestrejen. Backen bi 200° ca 15 Min. (goldgeel)

Übersetzung: Blätterteigkekse

375g Mehl	ewtas Eigeel
375g Margarine	etwas Dosenmilch
1 B. Saure Sahne	Hagelzucker
1 Vanillezucker	

Teigzutaten mischen und 24 Stunden im Kühlschrank ruhen lassen. Dann ausrollen und ausstechen. Mit Eigelb – Dosenmilchmischung bestreichen und mit Hagelzucker bestreuen. Backen bei 200° ca 15 Min. (goldgelb)

Bruun Koken

500g Mehl	125g Zucker
125g Botter	1 Ei
250g Sirup	kn. 1 Tl Lebkokengewürz
2 Tl Hirschhornsolt	oder wat Backpulver

Sirup heet maken, denn Zucker daarto doon un denn de Botter daar in schmülten.
In en Kumm ümfüllen, wat afköhlen laten un de anner Todaten ünnerkneden. 2 – 3 Stünnen liegen laten, denn utrullen, utsteken un backen bi Middelhitt för 8 – 10 Min.
Mit Zuckerguß un Mandeln garnieren.

Übersetzung: Braue Kuchen

500g Mehl	125g Zucker
125g Butter	1 Ei
250g Sirup	kn. 1 Tl Lebkuchengewürz
2 Tl Hirschhornsalz	oder etws Backpulver

Sirup erhitzen, dann Zucker dazugeben und darin die Butter schmelzen. In eine Schüssel umfüllen, etwas abkühlen lassen und die anderen Zutaten unterkneten.

2 – 3 Std liegen lassen, dann ausrollen und ausstechen. Backen bei Mittelhitze für
8 – 10 Min.

Mit Zuckerguß und Mandeln garnieren.

Schokoloden Kringel Koken

50 g Öl
2 Eier
60 g Kakao
180g Zucker
1 Vanillezucker
125g Mehl
1 Tl Backpulver
1 Pr. Solt

Öl un Eier mitnanner verröhren, denn Kakao, Zucker un Vanillezucker daarto doon un verröhren. Nu dat Mehl, Backpulver un dat Solt ünnerröhren bit en mojen bunden Masse entsteiht. De is relativ kleverg un fast. Dat Ganze nu mind. veer Stünnen kolt stellen. Mit en Teelepel walnöötgroot Kugels förmen, in Puderzucker wälzen un bi 180° 10 Min backen.

Übersetzung: Chocolate Crinkle Cookies

50 g Öl
2 Eier
60 g Kakao
180g Zucker
1 Vanillezucker
125g Mehl
1 Pr. Salz
1 Tl Backpulver

Öl und Eier miteinander verrühren, Kakao, Zucker und Vanillezucker zufügen und verrühren. Jetzt das Mehl, Backpulver und Salz unterrühren bis eine gebundene Masse entsteht. Die Masse ist relativ fest und klebrig. Das ganze mind. vier Stunden kalt stellen. Mit einem Teelöffel walnussgroße Bällchen formen, in Puderzucker wälzen und bei 180° 10 Min backen.

Emmas Keksen

300g Mehl
125g Zucker
125g Botter
1 Pr. Solt
1   Ei
1   Vanillezucker
1   Backpulver

Knetdeeg maken un denn in lütt Portionen utrullen un utsteken. Bi 180° 10 – 12 Min backen. Nu mit Puderzuckerguß un Streusel verzieren. Glasur drögen laten un in good verschluutbaar Dösen upbewahren.

Übersetzung: Emmas Kekse

300g Mehl
125g Zucker
125g Butter
1 Pr. Salz
1   Ei
1   Vanillezucker
1   Backpulver

Knetteig herstellen und dann in kleinen Portionen ausrollen und ausstechen. Bei 180° 10 – 12 Min backen. Jetzt mit Puderzuckerguß und Streusel verzieren. Glasur trocknen lassen und in gut verschließbaren Dosen aufbewahren.

Erdnusscookies

200g solten Erdnöten
75 g week Botter
100g brunen Zucker
100g Zucker
1 Vanillezucker
5 Drapen Buttervanille
1 Ei
125g Mehl
1 Tl Backpulver

Erdnöten hacken, Botter röhren, na un na Zu-
cker, Vanillezucker un Aroma togeven, dat Ei un
anschließend Mehl, Backpulver un Nöten toge-
ven. Nu de Deeg mit en Teelepel up dat Blick
verdelen. Backen bi 160° för 10 Min.

Übersetzung: Erdnusscookies

200g gesalzene Erdnüsse
75 g weiche Butter
100g braunen Zucker
100g Zucker
1   Vanillezucker
5 Tr. Buttervanille
1   Ei
125g Mehl
1 Tl Backpulver

Erdnüsse hacken, Butter rühren, nach und nach
Zucker, Vanillezucker und Aroma zugeben, das
Ei und anschließend Mehl, Backpulver und
Nüsse unterrühren. Jetzt mit dem Teelöffel auf
ein Backblech setzen und bei 160° 10 Min ba-
cken.

Rullt Mini – Nötenhörnchen

200g Botter
200g Düppelrohmfrischkääs
300g Mehl

De Todaten to en glatten Deeg verkneden. In
Folie packen un mind. 2 Stünnen köhlen.

50g brunen Zucker
50g witten Zucker
50g mahlen Haselnöten

Deeg vierdeln, Zucker mit de Haselnöten mischen.
En Vierdel van de Zuckermischung up de
Arbeitsplaat strejen, en Deegvierdel daarup rund
(26 cm Döörmeter) utrullen un in 16 Tortenstücken
delen. Restlichen Deeg ebenso verarbeiten.
Tortenstücken van de breet Siet her to Hörnchen
uprullen. Mit de Spitz na ünnern up twee mit
Backpapier utlegt Backblicken legen. Nananner
up de middelst Schien bi 180° (150°/Umluft) ca 12
– 16 Min goldgeel backen.

Übersetzung: Gerollte Mini – Nusshörnchen

200g Butter
200g Doppelrahmfrischkäse
300g Mehl

Die Zutaten zu einem glatten Teig verkneten. In Folie mind. 2 Stunden kühlen.

50g braunen Zucker
50g weissen Zucker
50g gemahlene Haselnüsse

Teig vierteln, Zucker mit den Haselnüssen mischen. Ein Viertel der Zuckermischung auf die Arbeitsfläche streuen, ein Teigviertel darauf rund (26 cm Durchmesser) ausrollen und in 16 Tortenstücke teilen. Restlichen Teig ebenso verarbeiten.
Tortenstücke von der breiten Seite her zu Hörnchen aufrollen. Mit der Spitze nach unten auf zwei mit Backpapier ausgelegte Backbleche legen. Nacheinander auf der mittleren Schiene bei 180° (150°/Umluft) ca 12 – 16 Min goldgelb backen.

Haferflockenkeksen

125g Margarin
1 Ei
1 Vanillezucker
½ Backpulver
1 Kt Zucker
1 Kt Mehl
2 Kt Haferflocken

All Todaten mitnanner verkneden un teelepelwies up en Backblick setten.
Backen bi 200° ca 10 Min.

Übersetzung: Haferflockenkekse

125g Margarine
1 Ei
1 Vanillezucker
½ Backpulver
1 Kt Zucker
1 Kt Mehl
2 Kt Haferflocken

Alle Zutaten miteinander verkneten und teelöffelweise auf ein Backblech setzen.
Backen bei 200° ca 10 Min.

Haferflockenkeksen mit Kokosraspel

250g Mehl
150g Zucker
250g Kokosraspel
200g Haferflocken
2   Eier
250g Botter
1   Backpulver
2 P Vanillezucker

All Todaten mitnanner verröhren, denn mit en Teelepel up en Backblick setten.
Backen bi 180° C ca 15 Min. middelst Schien.

Übersetzung: Haferflockenkekse mit Kokosraspel

250g Mehl
150g Zucker
250g Kokosraspel
200g Haferflocken
2   Eier
250g Butter
1   Backpulver
2 P Vanillezucker

Alle Zutaten miteinander verrühren, dann mit dem Teelöffel auf ein Backblech setzen.
Backen bei 180° C ca 15 Min. mittlere Schiene

Haferflockenkeksen

125g Margarin
1 Ei
1 Vanillezucker
½ Backpulver
1 Kt Zucker
1 Kt Mehl
2 Kt Haferflocken

All Todaten mitnanner verkneden un teelepelwies up
en Backblick setten.
Backen bi 200° ca 10 Min.

Übersetzung: Haferflockenkekse

125g Margarine
1   Ei
1   Vanillezucker
½   Backpulver
1 Kt Zucker
1 Kt Mehl
2 Kt Haferflocken

Alle Zutaten miteinander verkneten und teelöffelweise
auf ein Backblech setzen.
Backen bei 200° ca 10 Min.

Mokka – Makronen

250g kernig Haferflocken
100g dunkel Schokolaa (70%)
4   Eiwitt
100g Puderzucker
20 g Stärkemehl
1 El   löslichen Koffie
3 Dr. Buttervanillearoma
75   Schokobohnen

Haferflocken in en Pann ohn Fett kört bruun werden
laten, Schokolaa fein rieben, Eiwitt stief schlaan,
daarbi dat Puderzucker langsaam togeven. Haferflo-
cken, reben Schokolaa, Stärkemehl un de löslich
Koffie vermengen. Eischnee ünnerheben. Mit twee
Teelepels up en mit Backpapier utleggt Backblick set-
ten. Rund 30 Min in de vörheizt Ovend bi 160° ba-
cken. Nu up de week Makronen de Schokobohnen set-
ten, utköhlen laten.

Übersetzung: Mokka – Makronen

250g kernige Haferflocken
100g dunkle Schokolade (70%)
4   Eiweiß
100g Puderzucker
20 g Stärkemehl
1 El löslicher Kaffee
3 Tr Buttervanillearoma
75   Schokobohnen

Haferflocken in einer Pfanne ohne Fett kurz bräunen..
Schokolade fein reiben. Eiweiß steif schlagen, dabei
den Puderzucker langsam zugeben. Haferflocken, ge-
riebene Schokolade, Stärkemehlund löslichen Kaffee
vermengen. Eischnee vorsichtig unterheben. Mit zwei
Teelöffeln kleine Teighäufchen auf mit Backpapier
ausgelegten Backblechen verteilen. Rund 30 Min im
vorgeheizten Ofen bei 160° backen. Anschließend auf
die noch weichen Makronen je eine Schokobohne set-
zen, auskühlen.

Haselnötensprützkoken

250g Margerin
250g Zucker
1   Vanillezucker
3   Eigeel
250g Mehl
250g Haselnöten (mahlen)
2 Tl Backpulver

Knetdeeg bereiten un döör de Wurstmaschin dreihen.
Ca 8 cm lang Kekse oder
S – Koken oder Kringel förmen un up en Backblick
legen. Bi 200° 10 – 12 Min goldgeel backen.

Übersetzung: Haselnussspritzkuchen

250g Margarine
250g Zucker
1   Vanillezucker
3   Eigelb
250g Mehl
250g Haselnüsse (gemahlen)
2 Tl Backpulver

Knetteig bereiten und durch eine Wurstmaschine dre-
hen. Ca 8 cm lange Kekse oder
S – Kuchen oder Kringel formen und auf ein Backblech
legen. Bei 200° 10 – 12 Min goldgelb backen.

Helmas Fresenkekse

2 afreben Mandarinenpuul
150g week Magerin
150g Zucker
1   Ei
1   Vanillezucker
2 Msp Muskatnuss
250g Mehl

Ut de Todaten en Knetdeeg herstellen. Wenn de to week is, noch 30 Minuten köhlen. De Deeg portionswies to twee Euro dick Rullen förmen un 0,5 cm dick Dalers afschnieden. Up en Backblick legen un mit en Gavel platt drücken. Mit Hagelzucker bestrejen un goldgeel backen bi 160° 10 Min.

Übersetzung: Helmas Friesenkekse

Abrieb von 2 Mandarinen
150 g weiche Margarine
150 g Zucker
1   Ei
1   Vanillezucker
2 Msp Muskatnuss
250 g Mehl

Aus den Zutaten einen Knetteig herstellen. Wenn er zu weich ist, etwa 30 Min kühlen. Teig portionsweise zu zwei Euro dicke Rollen formen und 0,5 cm dicke Taler abschneiden. Auf ein Backblech legen und mit einer Gabel flach drücken. Mit Hagelzucker bestreuen und goldgelb backen bei 160° 10Min

Knippkoken

250g Margarin
350g Zucker
2   Vanillezucker
4   Eier
500g Mehl
1 P. Kardamom
½ P. Anis (mohlen)

All Todaten mitnanner verkneden un portionswies in en Neeijohrsiesen backen.

Übersetzung:Knippkuchen

250g Margarine
350g Zucker
2   Vanillezucker
4   Eier
500g Mehl
1 P. Kardamom
½ P. Anis (gemahlen)

Alle Zutaten miteinander verkneten und portionsweise im Neujahrseisen backen.

Knippkoken

4   Eier
250g Botter (flüssig)
250g Zucker
1-2 Vanillezucker
500g Mehl

All Todaten mitnanner verkneden un över Nacht köh-
len. Denn portionswies in en Neeijohrsiesen backen.

Übersetzung: Knippkuchen

4   Eier
250g Butter (flüssig)
250g Zucker
1-2 Vanillezucker
500g Mehl

Alle Zutaten miteinander verkneten und über Nacht
kühlen. Dann portionsweise im Neujahrseisen backen.

Knedewaffeln

500g Mehl
250g Zucker
125g Butter
3-4 Eier
2 P. Kardamom

All Todaten mitnanner verkneden un portionswies in
en Neeijohrsiesen backen.

Übersetzung: Knedewaffeln

500g Mehl
250g Zucker
125g Butter
3-4 Eier
2 P. Kardamom

Alle Zutaten miteinander verkneten und portionsweise
im Neujahrseisen backen.

Marzipan

200g fienen Grieß
200g Puderzucker
2 El Milch
2 El schmült Botter

All Todaten mischen un lütt Kugels förmen, denn in Kakao wältern.

Übersetzung:Marzipan

200g feinen Grieß
200g Puderzucker
2 El Milch
2 El geschmolzene Butter

Alle Zutaten mischen, jetzt Bällchen rollen und in Kakao wälzen.

Kokosmakronen

2   Eier
1 Pr. Solt
35 g Zucker
35 g Puderzucker
125g Kokosraspel
½ El Limettensaft
wat   afreben Limettenpuul
½   Vanillezucker
½ Tl Stärkemehl
        Backoblaten

De Eier trennen, dat Eiwitt mit dat Solt stief schlaan.
Zucker un Puderzucker inrieseln laten, Limettensaft,
de afreben Limettenpuul, Vanillezucker, Stärkemehl
un
Kokosraspel vörsichtig ünnerheben.
Mit en Teelepel de Schuum up de Backoblaten setten
un backen bi 160° 15 Min.

Übersetzung: Kokosmakronen

2   Eier
1 Pr. Salz
35g Zucker
35g Puderzucker
125g Kokosraspel
½ El Limettensaft
etw. Limettenabrieb
½   Vanillezucker
½ Tl Stärkemehl
      Backoblaten

Die Eier trennen, das Eiweiß mit Salz steifschlagen.
Zucker und Puderzucker einrieseln lassen, Limetten-
saft und – Abrieb, Vanillezucker, Stärkemehl und Ko-
kosraspel vorsichtig unterheben.
Mit einem Teelöffel den Schaum auf die Backoblaten
setzen und backen bei
160° 15 Min.

Thüringer Kokosmakronen

4   Eiwitt
200g Zucker
1Msp Kaneel
2 Dr. Bittermandelöl
200g Kokosraspel

Dat Eiwitt düchtig stief schlaan. De anner Todaten ünnerheben.

Lütt Hopens up en mit Backpapier utleggt Backblick setten un backen bi 150° 20 – 25 Min. Up en Kokenröst utköhlen laten.

 Nu entweder ganz oder blot van ünner in Schokoglasur duken, up Alufolie setten bit de Glasur fast is.

Übersetzung: Thüringer Kokosmakronen

4   Eiweiß
200g   Zucker
1Msp Zimt
2 Tr   Bittermandelöl
200g Kokosraspel

Das Eiweiß sehr steif schlagen. Die anderen
Zutaten unterheben.
Kleine Häufchen auf ein mit Backpapier
ausgelegtes Backblech setzen und backen bei
150° 20 – 25 Min
Auf einem Kuchenrost auskühlen lassen.
Nach Belieben entweder ganz oder nur die
untere Hälfte in Schokoglasur tauchen, auf
Alufolie setzen bis die Glasur fest geworden ist.

Namiddagskeksen

130g Margerin
1   Ei
120g Zucker
1   Vanillezucker
330g Mehl
wat   Backpulver
wat   Lebkokengewürz
100 – 120g rood Gelee

Margerin mit Ei, Zucker, Vanillezucker, Mehl un
Backpulver to en glatten Deeg verarbeiten. De Deeg
30 Min in Köhlschapp stellen. De Backovend up 180°
vörheizen. Ut de Deeg walnöötgroot Kugels förmen,
wat platt drücken un mit Duum en deep Mulde rin
drücken. De Keksen up twee Blicken leggen un de
Mulden mit dat Gelee füllen. 20 Min backen.

Übersetzung: Nachmittagskekse

130g Margarine
1   Ei
120g Zucker
1   Vanillezucker
330g Mehl
etw. Backpulver
etw. Lebkuchengewürz
100 – 120g rotes Gelee

Margarine mit Ei, Zucker, Vanillezucker, Mehl und Backpulver zu einem glatten Teig verarbeiten. Teig 30 Min in den Kühlschrank stellen. Den Backofen auf 180° vorheizen. Aus dem Teig walnussgroße Kugeln formen, leicht flach drücken, mit dem Daumen eine tiefe Mulde eindrücken. Kekse auf zwei Bleche legen und die Mulden mit dem Gelee füllen. 20 Min backen.

Oostfreesk Teebrötkers

125g Botter
125g Zucker
200g Mehl
3   Eier
50 g Rosinen
5 Dr. Rumaroma

As eerst de Botter düchtig cremig schlaan, denn
de Zucker daarto. Nu de Eier na un na
ünnermixen. As Letzt dat Mehl, de Rosinen un
dat Aroma ünnerröhren. Mit en Teelepel lütt
Hopens nich to dicht nebennanner up en mit
Backpapier utleggt Backblick setten. Denn bi
180° C Ober/Unterhitze
up middelst Schien goldbruun backen.

Übersetzung: Ostfriesische Teebrötchen

125g Butter
125g Zucker
200g Mehl
3   Eier
50 g Rosinen
5 Tr. Rumaroma

Zuerst die Butter sehr cremig schlagen, dann den Zucker dazu rühren. Jetzt die Eier nach und nach untermixen. Zum Schluss das Mehl, die Rosinen und das Aroma unterrühren. Mit einem Teelöffel kleine Häufchen nicht zu dicht nebeneinander auf ein mit Backpapier ausgelegtes Backblech setzen. Dann bei 180° C Ober/Unterhitze
 auf mittlerer Schiene goldbraun backen.

Sneeiflocken

250g Margarin
100g Puderzucker
250g Mondamin
100g Mehl
1   Vanilleschote
1   Butter – Vanillearoma

Botter un Puderzucker schumig röhren,
Vanilleschotenmark utkraben un mit dat Butter –
Vanillearoma daarto doon. Toletzt dat Mondamin
un dat Mehl ünnerkneden. Nu duumdick Rullen
förmen un gliekmäßig Stücken afschnieden. Mit
en Gabel platt drücken.
Backen bi Mittelhitt för 10 – 12 Min.

Übersetzung: Schneeflöckchen

250g Margarine
100g Puderzucker
250g Mondamin
100g Mehl
1   Vanilleschote
1   Butter – Vanillearoma

Butter und Puderzucker schaumig rühren,
Vanilleschotenmark ausschaben und mit dem
Butter – Vanillearoma dazugeben. Zuletzt das
Mehl und Mondamin unterkneten. Jetzt
daumendicke Rollen formen und gleichmäßige
Stücke abschneiden. Mit einer Gabel flach
drücken.
Backen bei Mittelhitze für 10 – 12 Min.

Sprützkoken

250g Margarin
250g Zucker
3   Eigeel
1   Vanillezucker
500g Mehl
2 Tl Backpulver

Knetdeeg bereiten un denn dör de Wurstmaschin dreihen. Ca 8 cm lang Keksen up dat Backblick legen, bi 200° C Ober/Unterhitze in ca 10 Min goldgeel backen.

Übersetzung: Spritzkuchen

250g Margarine
250g Zucker
3   Eigelb
1   Vanillezucker
500g Mehl
2Tl   Backpulver

Knetteig bereiten und dann durch die Wurstmaschine drehen. Ca. 8cm lange Kekse auf das Backblech legen, bei 200° Ober/Unterhitze in ca 10 Min goldgelb backen.

Schokocrossies

400g Schokolaa
90 g hobelt Mandeln
100g Cornflakes

De Schokolaa in Waterbad schmülten, denn de
Mandeln un de Cornflakes mit Hand
kaputt drücken. Nu mit de Schokolaa verröhren.
Lütt Hopens up Backpapier setten un am besten
över Nacht drögen laten.

Übersetzung: Schokocrossies

400g Schokolade
90 g gehobelte Mandeln
100g Cornflakes

Die Schokolade im Wasserbad schmelzen, dann
die Mandeln und die Cornflakes in der Hand
zerdrücken. Jetzt mit der Schokolade verrühren.
Kleine Häufchen auf Backpapier setzen und am
besten über Nacht trocknen lassen.

Stollenkonfekt

300g Mehl
½   Backpulver
150g Quark
100g Botter
70g   Zucker
1   Vanillezucker
100g hackt Mandeln
150g Cranberrys
½ Tl Kaneel
1   afreben Zitronenpuul
en Paar Drapen Bittermandelaroma

All Todaten to en Deeg verkneden un lütt Stollen
förmen. Bi 180° Ümluft 11 – 15 Min backen.
Denn mit flüssig Botter bestrieken un mit
Puderzucker bestäuben.

Übersetzung: Stollenkonfekt

300g Mehl
½   Backpulver
150g Quark
100g Butter
70 g Zucker
1   Vanillezucker
100g gehackte Mandeln
150g Cranberrys
½ Tl Zimt
1   abgeriebene Zitronenschale
einige Tropfen Bittermandelaroma

Alle Zutaten zu einem Teig verkneten und kleine
Stollen formen. Bei 180° Umluft   11 – 15 Min
backen.
Dann mit flüssiger Butter bestreichen und mit
Puderzucker bestäuben.

Streuselstriepen   (as Keksen)

Boden:
250g Mehl
65 g Zucker
1   Vanillezucker
125g Botter
1   Ei

Belag:
1 Gl. Marmelaad

Streusel:
150g Mehl
100g Zucker
100g Botter
50 g mahlen Nöten
½ Tl Kaneel

De Todaten för de Boden to en enfache
Mürbedeeg kneden un dünn up dat Blick utrullen,
mit en Gabel insteken.
De Marmelaad nich to dick up de Boden strieken.
Nu Streusel maken un de Marmelaad daar mit
bedecken.
Backen: 200° (vörheizt) 10 – 15 Min hellbruun
Noch heet in Striepen schnieden.

Übersetzung: Streuselstreifen   (wie Kekse)

Boden:
250g Mehl
65 g Zucker
1   Vanillezucker
125g Butter
1   Ei

Belag:
1 Gl. Marmelade

Streusel:
150g Mehl
100g Zucker
100g Butter
50 g gemahlene Nüsse
½ Tl Zimt

Die Zutaten für den Boden zu einem einfachen
Mürbeteig kneten und dünn auf dem Blech
ausrollen, mit einer Gabel einstechen.
Die Marmelade nicht zu dick auf den Boden
streichen.
Jetzt Streusel herstellen und die Marmelade
damit bedecken.
Backen: 200° (vorgeh) 10 – 15 Min hellbraun
Noch heiß in Streifen schneiden.

Droomstücken

500g Mehl
5   Eigeel
250g Botter
2   Vanillezucker
150g Zucker
250g Puderzucker to´n Wälzen

All Toaten tosamen in en Schödel verkneden,
anschließend en vierdel Stünnen köhlen.
Backovend up 180° Ober/Unterhitze vörheizen.
Deeg in fingerdick Würst rullen, jeweils en
zentimeter breet Stücken afschnieden un up dat
Blick legen. De Droomstücken goht blot wenig
up.
De Delen ca en vierdel Stünnen backen, bit se
goldbruun sünd.
Wat afköhlen laten un lauwarm in en Schödel mit
Puderzucker doon. De Schödel vörsichtig
schüddeln, so dat sik de Zucker üm de Keksen
wind.
Se mööt unbedingt lauwarm ween, nich heet –
anners suugt se sik vull mit dat Puderzucker.

Übersetzung: Traumstücke

500g Mehl
5   Eigelb
250g Butter
2   Vanillezucker
150g Zucker
250g Puderzucker z. Wälzen

Alle Zutaten zusammen in einer Rührschüssel verkneten, anschließend 15 Min kühlen.
Backofen auf 180° Ober/Unterhitze vorheizen.
Den teig in fingerdicke Würste rollen, jeweils einzentimenter breite Stücke abschneiden und aufs Blech legen. Die Traumstücke gehen nur wenig auf.
Die Teilchen ca 15 Min backen bis sie goldbraun sind.
Etwas abkühlen lassenund lauwarm in eine Schüssel mit Puderzucker geben. Die Schüssel vorsichtig schütteln, so daß sich der Zucker um die Kekse windet.
Sie müssen unbedingt lauwarm sein, nicht heiß – sonst saugen sie sich mit Puderzucker voll.

Waffelkeksen mit Dinkelmehl

130g Margerin
140g Zucker
2 Eier
1 Tl Vanillezucker
½ Backpulver
1 Pr. Solt
380g Dinkelmehl

Knetdeeg bereiten, denn haselnötengroot Kugels förmen un in en Waffeliesen afbacken. In verschloten Dösen upbewohren.

Übersetzung: Waffelkekse mit Dinkelmehl

130g Margarine
140g Zucker
2 Eier
1 Tl Vanillezucker
½ Backpulver
1 Pr. Salz
380g Dinkelmehl

Knetteig bereiten, dann haselnussgroße Kugeln formen und im Waffeleisen abbacken.
In verschlossenen Dosen aufbewahren.

Waffelkeksen

200g Botter
150g Zucker
2   Eier
425g Mehl
1   Backpulver
1   Vanillezucker
wat Appelsinenpuul oder Aroma

Knetdeeg maken un haselnötengroot Kugeln förmen. In en Waffeliesen goldgeel backen.

Übersetzung: Waffelkekse

200g Butter
150g Zucker
2   Eier
425g Mehl
1   Backpulver
1   Vanillezucker
etwas Orangenabrieb oder Aroma

Knetteig bereiten und haselnussgroße Kugeln formen. In einem Waffeleisen goldgelb backen.

Witt Wiehnachtskoken

1kg   Mehl
500g Zucker
250g Botter
3   Eier
1   Backpulver
2   Vanillezucker

Knetdeeg bereiten, denn portionswies utrullen un utsteken. Goldgeel backen bi Middelhitt.
Verscheden Glasuren vörbereiten ut Zitronensaft, Rum oder Water mit Puderzucker.
Daarto to´n bestrejen Schokostreusel, Mandelblättchen, Perlen, bunt Streusel.

Übersetzung: Weiße Weihnachtskuchen

1kg   Mehl
500g Zucker
250g Butter
3   Eier
1   Backpulver
2   Vanillezucker

Knetteig bereiten, dann portionsweise ausrollen und ausstechen. Goldgelb backen bei Mittelhitze Beliebige Glasuren vorbereiten aus Zitronensaft, Rum oder Wasser mit Puderzucker. Dazu zum bestreuen Schokostreusel, Mandelblättchen, Perlen, bunte Streusel.:

Zimtkeksen

1 Tass   Mehl (250 ml)
100g   Botter (week)
200g   Quark
Zucker bzw Zimtzucker to´n dreihen

All Todaten to en glatten Deeg verarbeiten, denn dünn utrullen. De utrullt Deeg in Quadraten (7x7cm) schnieden. Jeder Quadrat in Zucker dreihen, denn tosamenfalten. Nochmaal in Zucker dreihen. Up en mit Backpapier utlegt Blick legen. In de vörheizt Backoven bi 180° C 20 Min backen.

Übersetzung: Zimtkekse

1 Tasse Mehl (250 ml)
100g   Butter (weich)
200g   Quark
Zucker bzw Zimtzucker zum Wälzen

Alle Zutaten zu einem glatten Teig verarbeiten, dann dünn ausrollen. Ausgerollten Teig in Quadrate (7x7 cm) schneiden. Jedes Quadrat in Zucker wälzen, dann zusammenfalten. Und nochmal in Zucker wälzen. Auf ein mit Backpapier ausgelegtes Blech legen. Im vorgeheizten Ofen bei 180° C 20 Min backen.

Rumkugels

250g Margerin
¼ l   Rum
1 kg Puderzucker
500g Haferflocken
1   Rumaroma
150g Kakao
1   Vanillezucker

En Knetdeeg maken un över Nacht köhlen. Nu
walnöötgroot Kugels förmen un in Schoko-
streusel, Kokosraspel, mahlen Nöten oder
Mandeln oder wat ähnlichs wältern. Kolt stellen

Übersetzung: Rumkugeln

250g Margarine
¼ l   Rum
1kg   Puderzucker
500g Haferflocken
1   Rumaroma
150g Kakao
1   Vanillezucker

Einen Knetteig bereiten und über Nacht kühlen.
Walnussgroße Kugeln formen und in Schoko-
streusel, Kokosraspel, gemahlene Nüsse oder
Mandeln oder ähnliches wälzen. Gekühlt lagern.

Adventsgebäck (up´t Blick)

Deeg:	Guß
70 g Margerin	200g Puderzucker
150g Zucker	1 El Rum
2 Eier	Water na Bedarf
250g Mehl	1 afreben Appelsinenpuul
1 Backpulver	
2 Tl Kanee	
½ Tl Nelken	
½ Tl Muskaatblüt	
1 Tl Kakao	
1/8 l Melk	
200g mohlen Haselnöten	
100g Korinthen	
100g Zitronat	
100g Orangeat	

De Margarin, Zucker, Eier, Mehl, Backpulver mit de Gewürzen un de Melk in en groten Kumm doon un mit en Mixer gründlich verröhren. Denn de Nöten, Korinthen, Zitronat un Orangeat ünner de Deeg röhren. Nu all up en fett Backblick strieken un backen bi 200° (middelst Schien) 20 Min.
De Gußtodaten mitnanner verröhren un de Kook noch heet daar mit övertrecken, utköhlen laten un in Rechtecken oder Würfels schnieden.

Übersetzung: Adventsgebäck (auf dem Blech)

Teig	Guß
70 g Margarine	200g Puderzucker
150g Zucker	1 El Rum
2 Eier	Wasser nach Bedarf
250g Mehl	1 abgeriebene Apfelsinenschale
1 Backpulver	
2 Tl Zimt	
½ Tl Nelken	
½ Tl Muskatblüten	
1 Tl Kakao	
1/8 l Milch	
200g gemahlene Haselnüsse	
100g Korinthen	
100g Zitronat	
100g Orangeat	

Margarine, Zucker, Eier, Mehl und Backpulver mit den Gewürzen und der Milch in eine große Rührschüssel geben und mit dem Mixer gut durcharbeiten. Nüsse, Korinthen, Zitronat und Orangeat unter den Teig rühren. Alles auf ein gefettetes Backblech streichen und bei 200° (mittl. Schiene) 20 Min backen. Die Gußzutaten miteinander verrühren und noch heiß überziehen. Auskühlen lassen und in Würfel oder Rechtecke schneiden.

Karnmelkskook mit Gewürzen

4 Koffietassen Mehl
3   „   Zucker
2   „   Karnmelk
3   Eier
1   Vanillezucker
1   Backpulver
1 Koffietass   Cranberries
2 ½ Koffielepel Lebkokengewürz
1 Paket   Orangeat
2 Eetlepel   Schokosplitter
2 Koffielepel Kakao
kn. 50 g   Mandelblättchen

All Todaten mitnanner verröhren un up en fett
Backblick strieken. Backen bi
200° 20 – 25 Min.

Übersetzung: Buttermilchkuchen mit Gewürz

4 Kaffeetassen Mehl
3   „   „   Zucker
2   „   „   Buttermilch
3 Eier
1 Paket Vanillezucker
1   „   Backpulver

1 Kaffeetasse getr. Cranberries
2 ½ Kaffeelöffel Lebkuchengewürz
1 Paket Orangeat
2 Esslöffel Schokosplitter
2 Kaffeelöffel Kakao
knapp 50 gr. Mandelblättchen

Alle Zutaten miteinander verrühren auf ein
gefettetes Backblech streichen und bei 200 grad
20-25 min. backen.

Gewürzkook

200g Margerin
300g Zucker
5   Eier
300g Mehl
4 Tl Backpulver
50 g Kakao
½ Tl mahlen Kaneel
½ Tl mahlen Nelken
1 Pr. Solt
1   Vanillezucker
100g Rosinen
100g Zitronat
100g Orangeat
100g hackt Haselnöten

Margerin un Zucker schumig röhren, de Eier daarto röhren. Nu dat Mehl mit dat Backpulver un denn Kakao mit de Gewürzen mischen un ünnerröhren. De in Rum inwekent Rosinen mit dat Zitronat un Orangeat un de Haselnöten ünner de Deeg röhren. Nu dat all in en fetten Kastenförm doon.
Backen bi 190 – 200° 60 – 70 Min.

Übersetzung: Gewürzkuchen

200g Margarine
300g Zucker
5   Eier
300g Mehl
4 Tl Backpulver
50 g Kakao
½ Tl gem. Zimt
½ Tl gem. Nelken
1 Pr Salz
1   Vanillezucker
100g Rosinen
100g Zitronat
100g gehackte Haselnüsse

Margarine und Zucker schaumig rühren, Eier
dazu geben und unterrühren. Mehl, Backpulver,
Kakao und Gewürze mischen und unterrühren.
Die in Rum eingeweichten Rosinen zusammen
mit dem Orangeat und dem Zitronat sowie den
Haselnüssen unter den Teig heben. Den Teig in
eine gefettete Kastenform füllen.
Backen bei 190 – 200°   60 – 70 Min.

Roodwienkook

250g Margarin
250g Zucker
250g Mehl
4   Eier
1/8 l Roodwien oder Kinnerpunsch
½ – 1 Tl Kaneel
1 Tl Kakao
3 El Schokostreusel
1   Backpulver
1   Vanillezucker
Rosinen, wenn man mag

All Todaten mitnanner verröhren un in en
Kranzförm bi 175° 50 – 60 Min backen.
Denn mit Zitronenguß övertrecken.

Übersetzung: Rotweinkuchen

250g Margarine
250g Zucker
250g Mehl
4   Eier
1/8l Rotwein oder Kinderpunsch
½ – 1 Tl Zimt
1 Tl Kakao
3 El Schokostreusel
1   Backpulver
1   Vanillezucker
Rosinen nach Belieben

Alle Zutaten miteinander verrühren und in einer
Kranzform bei 175° 50 – 60 Min. backen.
Dann mit einem Zitronenguß überziehen.

Schokoladen – Haselnöten – Kook

100g week Botter
150g Zucker
1 Tl Vanillezucker
2   Eier
3 El Kakaopulver
125g Mehl
1Tl   Backpulver
50 g hackt Haselnötenkarns

De Backovend up 175° vörheizen. En 28 cm
groten runden Förm fetten.
De Botter schumig röhren, Zucker un
Vanillezucker, denn de Eier gründlich
ünnerröhren. Dat Kakaopulver sieben, mit Mehl
un Backpulver mischen, ünner de Creme röhren.
De Haselnöten ünnermengen un de Deeg in de
vörbereit Förm glatt strieken. Ca 25 Min backen.
Twee Boddens laat sik mit Johannisbeergelee
övernanner leggen.
Daarto schmeckt Schlagsahne.

Übersetzung: Schokoladen – Haselnuß – Kuchen

100g weiche Butter
150g Zucker
1 Tl Vanillezucker
2   Eier
3 El Kakaopulver
125g Mehl
1 Tl Backpulver
50 g gehackte Haselnußkerne

Den Backofen auf 175° vorheizen. Eine 28 cm
große runde Form fetten. Die Butter schaumig
rühren, Zucker und Vanillezucker, dann die Eier
gründlich unterrühren. Das Kakaopulver sieben,
mit Mehl und Backpulver mischen, unter die
Creme rühren.
Die Haselnüsse untermengen und den Teig in
der vorbereiteten Form glatt streichen. Etwa 25
Minuten backen.
Zwei Böden lassen sich mit Johannisbeergelee
übereinanderlegen.
Dazu schmeckt Schlagsahne.

Plumtorten

500g Mehl
500g Margerin
1   Ei
3 – 4 El Essig   (½ Teetass Essig)
3 – 4 El Korn   (½ Teetass Water)
Plumenmus
Hagelzucker

In dat Mehl en Dell drücken, de Margerin in lütt
Flocken up de Mehlrand setten. Dat Ei
verschlaan un in de Dell geten, daarto dat Essig
un de Korn oder dat Water. Nu flink en Knetdeeg
herstellen. Över Nacht stohn laten.
Denn utrullen un in gliekmässig Quadraten
schnieden. Mit en Teelepel Plumenmus in en Eck
setten, twee Sieden mit Eiwitt inpinseln un to en
Dreeeck tosamenklappen. Mit en Gabel
verschluten. De Torten vör´t Backen mit Eiwitt
instrieken un mit Hagelzucker bestrejen.
Backen bi 200 – 250° bit se goldgeel sünd.

Übersetzung: Pflaumentorten

500g Mehl
500g Margarine
1   Ei
3 – 4 El Essig   (oder ½ Teetasse)
3 – 4 El Korn   (oder ½ Teetasse Wasser)
Pflaumenmus
Hagelzucker

In das Mehl eine Delle hineindrücken, die
Margarine in Flöckchen auf den Mehlrand
setzen. Das Ei verschlagen und in die Delle
gießen, dazu Essig und Korn oder Wasser. Jetzt
schnell einen Knetteig bereiten. Über Nacht
stehen lassen.
Dann ausrollen und gleichmässige Quadrate
schneiden. Mit einem Teelöffel Pflaumenmus in
eine Ecke setzen. Zwei Seiten mit Eiweiß
einpinseln und zu einem Dreieck
zusammenklappen. Mit einer Gabel
verschließen. Die Törtchen vor dem Backen mit
Eiweiss bestreichen und Hagelzucker
bestreuen.
Backen bei 200 – 250° bis sie goldgelb sind.

Zur Autorin Helma Gerjets:

Die gebürtige Reepsholterin ist begeisterte Mutter und Oma. Nun wohnt sie in Hesel im Kreis Leer.

Nach dem Tod ihres Mannes hat sie seine Leidenschaft für die plattdeutsche Sprache übernommen und begonnen eigene Geschichten zu schreiben.

Sie veröffentlicht auch regelmäßig plattdeutsche Geschichten im Klosterboten, der Zeitschrift der Dorfgemeinschaft Reepsholt. Ebenfalls erscheinen Berichte und Geschichten in der „Na Sowas", der Monatszeitung in der Samtgemeinde Hesel bei Leer.

Schreiben ist neben dem Kochen ihr großes Hobby. Hier liegt jetzt das 15. Buch vor.